AF328251

AUGUSTA,

TRAGÉDIE

en cinq actes.

Par FABRE D'ÉGLANTINE.

Représentée pour la première fois sur le
théâtre Français le 8 Octobre 1787.

PARIS.

1787.

PERSONNAGES.

AUGUSTA, *grande prêtresse de Vesta.*	Mme Vestris.
DOMITIUS, *Consul romain.*	Mr Grammo[...]
AGATHOCLE, *fils d'Augusta.*	St Fal.
FULVIE, *Vestale.*	
MAXIME, *grand prêtre de Jupiter.*	Maudet.
CENSEURS.	
TRIBUNS.	Personnages
PEUPLE.	muets.
PALLANTE, *chef des licteurs.*	
LICTEURS.	

AUGUSTA

TRAGÉDIE.

ACTE PREMIER.

Le théâtre représente le péristile du temple de Vesta. La statue de cette déesse est un peu au dessus de l'avant-scène, du côté gauche de l'acteur. Elle est représentée sous les traits d'une vierge fleurie et potelée, assise sur un tertre et couronnée de roses, tenant un tambour à la main. C'est ainsi que Scopas l'avait sculptée, au rapport de Pline.

SCÈNE PREMIERE.

AUGUSTA, *seule.*

Hé! que me sert, grands dieux! de fuir le sanctuaire
Le remords suit partout, et rien ne le fait taire.
Tu lis dans ma pensée, immortelle Vesta;
*(Elle fléchit le genouil devant la statue
    de cette déesse.)*
Daigne voir sans courroux la tremblante Augusta
Arroser de ses pleurs les pieds de ton image:
Je confesse à tes yeux ma honte et ton outrage.
D'une main sacrilége, en ce lieu révéré,
J'ose de tes autels nourrir le feu sacré.

Tant d'audace, il est vrai, surpasse ta clémence,
Ma tête s'humilie, achève ta vengeance,
Epargne un étranger, objet de ma douleur.
Le crime n'a jamais souillé son jeune cœur.
Si l'équité des dieux punit qui les outrage,
Protéger l'innocence est leur plus saint ouvrage.

SCÈNE DEUXIÈME.

AUGUSTA, FULVIE.

AUGUSTA, *appercevant Fulvie qui est
arrivée jusqu'à elle.*

Ne quitte point l'autel, laisse couler mes pleurs
Laisse-moi; que veux-tu?

FULVIE

Partager vos douleurs.
Accueillez le secours qu'appelle votre plainte;
Je viens vous apporter la paix et non la crainte;
Parlez, reconnaissez la voix de la pitié;
La confiance est juste envers tant d'amitié.

AUGUSTA.

Ah!

FULVIE

Mérité-je, hélas!...

AUGUSTA.

Que dis-tu, ma Fulvie?
Ah! pour me consoler des peines de la vie,
L'amitié dans ton sein répandit sa douceur.
Compagne d'Augusta, bientôt tu fus sa sœur.
Soyez bénis, grands dieux! qui me laissez en elle
Pour essuyer mes pleurs une main fraternelle!
Je me jette en tes bras et mon dernier regret
Est de n'oser payer tes soins de mon secret.

(5)

FULVIE

Que sont-ils devenus ces jours, où la prêtresse
De tant de confiance honorait ma tendresse!
Parlez; que craignez-vous? pour la seconde fois,
Domitius, peut-être, au mépris de nos lois,
D'un amour indiscret vous apporte l'hommage?
Craignez-vous son dépit, ou son nouvel outrage?
Téméraire Consul, amant audacieux,
A-t-il encor osé soupirer à vos yeux?
Il est fier et cruel.

AUGUSTA.

Si j'ai lieu de m'en plaindre
J'ai rempli mon devoir, et n'ai plus rien à craindre,
L'accueil qu'ont mérité ses coupables désirs,
A sans doute en leur source étouffé ses soupirs.

FULVIE

D'où viendrait votre crainte?... Augusta me redoute!
Hé! quels sont vos malheurs?... Ils sont bien grands sans doute.

AUGUSTA.

Ah! bien grands, en effet!

FULVIE.

D'un regard curieux
Je n'ai point observé vos pleurs mistérieux;
Qu'un plus généreux soin, qu'une amitié plus sainte
Du temple de Vesta m'ont fait quitter l'enceinte!
Hélas! j'ai vu la mort dans votre œil égaré;
Vos genoux chancelaient près du foyer sacré;
Les pleurs sur votre bouche ont coupé la prière,

Et délaissant les soins de votre ministére,
Vous avez fui. Soudain, pour vous tendre mes bras,
Plus tremblante que vous, j'ai marché sur vos pas.

AUGUSTA.

Oui, j'ai trop différé l'aveu de ma souffrance.
Garde-toi d'accuser ma juste défiance;
Pardonne, si, malgré les nœuds de l'amitié,
J'ai pu de mes douleurs te cacher la moitié:
Comment oser parler? Cet effrayant mistere
Serait là tout entier â mon heure derniere,
Si du plus tendre nœud partageant le devoir,
Tes secours bienfaisans n'étaient tout mon espoir.
Chacun de mes secrets est un péril terrible:
Ecoute; mais au moins, si d'une ame sensible
Le ciel trop libéral, comme â moi, t'a fait don,
Donne l'exemple aux Dieux, avares d'un pardon.
Tu connais ce mortel, qui, dans ce péristile,
Auprès de moi souvent trouve un accès facile
Portant dans le regard cette douce fierté,
Qu'imprime la vertu dans sa simplicité,
Ce mortel embelli des graces du jeune âge;
Superbe en son maintien, naïf en son langage,
Agathocle, en un mot?

FULVIE.

                    — Vous savez nôtre sort;
Nous ne pouvons aimer qu'au péril de la mort;
Un terrible serment â la sainte déesse,
Sans partage asservit le cœur de la prêtresse.

Tout est pur en ce lieu...

AUGUSTA.

                    J'entrevois ta frayeur;
Dissipe tes soupçons; ôse lire en mon cœur:
Il est l'œuvre des dieux, leur céleste justice
Ne peut en exiger un cruel sacrifice.
Agathocle peut-il?...

FULVIE.

          Vous l'aimez, Augusta?

AUGUSTA.

Oui, je l'aime et le puis sans offenser Vesta.
C'est mon fils.

FULVIE.

          Agathocle!

AUGUSTA.

                    Oui, ma chère Fulvie;
C'est mon fils. Nom sacré! doux charme de la vie!
Ma bouche, qu'enchaînaient de trop sévères loix,
Te prononce aujourd'hui pour la première fois.
(Elle s'arrête tout-à-coup avec un sen-
          timent de terreur.)
La terreur m'a saisie à ce nom cher et tendre,
Comme si dans ce lieu quelqu'un pouvait l'enten-
                                        (dre.

FULVIE, *également effrayée.*

Ah! jamais l'amitié n'éprouva mieux un cœur;
Le mien, comme le vôtre, est frappé de terreur...
Mais ce parvis sacré n'a qu'une seule issue:
Calmez-vous; nul Romain ne s'offre à notre vue.

AUGUSTA

J'eus un père orgueilleux, ce fier Patricien
Estima peu le rang de simple citoyen.
Dès que j'eus vu le jour, sa superbe faiblesse
Aux autels de Vesta destina ma jeunesse.
Tu vois tous les honneurs dont on flatte nos maux,
Les Licteurs prosternés abaissant leurs faisceaux,
Peuples, tribuns, sénat, consuls, dictateur même,
Tout nous défère ici la dignité suprême.
Le coupable flétri par un arrêt de mort,
A la hache homicide échappe à notre abord,
Jusques sur nos parens nos rayons rejaillissent
Et de notre splendeur leurs cœurs s'enorgueillissent.
Vain dédommagement d'un supplice éternel!
Tant de gloire toujours se pleure sur l'autel.
A cet autel fatal je fus donc destinée.
A peine je touchais à ma quinzième année,
Que dans mon jeune cœur la nature et l'amour
Portèrent, malgré moi, les feux d'un nouveau jour.
Le grec Léonidas était alors dans Rome;
Un diadème encor n'ornait pas ce grand homme,
Il m'aima, je l'aimai. Ma mère dans ce tems
Voyait avec orgueil s'embellir mon printems.
Pour une fille aimante, en ses douces caresses
Que le cœur d'une mère enferme de faiblesses!
Ivre de son amour, fière de ses liens,
Aux penchants de sa fille elle soumit les siens,
Son sein de mes secrets devint dépositaire;

Léonidas gagna cette facile mère;
Et grace à tous nos soins un hymen clandestin
En l'absence d'un père unit notre destin.
Imprudente! je crus cette union prospère!
Le Ciel vengea bientôt l'autorité d'un pere!
La guerre, qu'excita Xercès en son courroux,
Dans Sparte en peu de jours rappela mon époux:
En vain je fis parler et l'épouse et l'amie,
Le cœur d'un Spartiate est tout à sa patrie;
Je n'ose l'en blamer. Il me quitta, à grands dieux!
Il ne me souvient point de ses tristes adieux,
Que mon cœur oppressé par un torrent de larmes,
Ne renouvelle encor ses mortelles alarmes,
Qu'alors comme aujourdh'ui j'eus raison de pleurer!
Qui m'eût dit qu'à jamais j'allais m'en séparer!
Hélas! j'appris bientôt que déja dans la tombe
Il reposait couvert d'une triple hécatombe.
Couvert, en digne chef de la fleur des guerriers,
Des larmes de la Grèce et de tous ses lauriers.
Un même jour enfin me rendit veuve et mère;
Des pleurs que je versai sur le trépas du père
Le fils se vit couvert, en ouvrant l'œil au jour;
Et la nature ainsi désespéra l'amour.

FULVIE.

De trouble et de pitié vous remplissez mon ame:
Quel étonnant secret vous m'apprenez, Madame!
O mère malheureuse! étouffez vos accents;
Et craignons que frappés de vos gémissements,

Les murs de ce parvis n'en révèlent la cause,
Que votre âme, Augusta, sur ma foi se repose,
Les Dieux vous sont garants de ma fidélité.
Mais quel sort rigoureux, en cette extrêmite?

AUGUSTA

Que faire en mon malheur? déplorable victime,
Tout semblait, dès ce jour me reprocher un crime;
Je tremblai, du moment qu'Agathocle fut né,
De nourrir de mon sein, ce fils infortuné,
Par les soins de ma mère, appui de ma tendresse,
Ce dépôt précieux fut porté dans la Grèce.
Mon père, toutefois fidèle à ses projets,
Et surtout ignorant mes dangereux secrets,
Prétend qu'à son orgueil à la fin je réponde,
Et moi, coupable, et moi, que fatiguait le monde,
Heureuse de le fuir, j'errai par désespoir;
Un sacrilége vœu me parut un devoir;
Au mépris de Vesta, mon âme téméraire
Préféra cet asile à la haine d'un père,
Chez les Grecs élevé cependant avec soin,
D'une mère Agathocle éprouva le besoin:
De reconnaitre un fils la nature nous presse,
Il sut tout. Dans l'Attique il porta sa jeunesse,
Là, du sage Socrate élève peu connu,
Ce fils croissait en paix, par mes soins soutenu.
Depuis, sous les efforts d'une cabale impie,
Socrate a terminé sa mémorable vie:
Le meilleur des mortels ne fut pas épargné:

De l'opprobre d'Athène Agathocle indigné,
Contre cette cité coupable et meurtrière
De ses pieds fugitifs secoûa la poussière.
Alors, enfin, alors, guidant vers moi ses pas,
La nature et son cœur l'ont remis dans mes bras.

FULVIE.

Que m'avez-vous appris?.. O combien de misères
Prépare à leurs enfants cét orgueil de nos pères!
Non, ce n'est pas en vain que s'allarme Augusta.
La fortune de Rome est liée à Vesta.
L'amour entraîne ici la honte et le supplice.

AUGUSTA.

La mort n'est rien, Fulvie, il est un sacrifice,
Il est un déplaisir plus cruel mille fois.
Effrayé du malheur que me gardent nos lois,
Mon fils désespéré s'abandonne à sa crainte.
De Rome, en frémissant, il habite l'enceinte.
Il n'ose me parler; il tremble de me voir.
De l'amour maternel ce précieux devoir,
Ce charme consolant, cette ardeur empressée,
De porter vers un fils ses yeux et sa pensée,
De le chercher toujours d'éprouver joie, ennui,
Plaisir, crainte, soupçons, et sans cesse pour lui,
Enfin, tout ce qu'on sent, quand on a ma tendresse;
Tout allarme mon fils, tout le trouble et l'oppresse,
Il veut fuir, me quitter, s'arracher de mes bras,
Porter son désespoir dans de lointains climats,
Et par de longs tourments d'une éternelle absence,

Me sauver du péril qu'entraine sa présence.
Voilà de tant de pleurs le trop juste sujet.
FULVIE.
Eh quoi! ne pouvez-vous?...
AUGUSTA.

      Dans l'ombre du secret
Le cœur du criminel se cache et se replie.
Mais un sentiment pur, mais mon amour, Fulvie?
Le cri de la nature est en vain combattu,
Il s'échappe sans crainte, il tient à la vertu.
Les siliens sont chez les morts: plus d'hospice, Fulvie,
Où ce fils malheureux puisse charmer sa vie...
Mais il est étranger au sein de ces remparts,
Et déja de l'envie attirant les **regards,**
Ses discours, fruit heureux des leçons de Socrate,
On excite les bruits dans cette ville ingrate,
Qui sait même si l'œil de quelque délateur
N'a pas déja percé dans le fond de mon cœur,
Si les secours furtifs, dont ma main l'environne,
Ne sont secrettement épiés de personne.
Je tremble pour lui-même.

SCÈNE TROISIÈME.
Les précédens, AGATHOCLE.
AUGUSTA.

      O mon fils! est-ce toi?
Eh bien! c'en est donc fait?...

AGATHOCLE

Tout est fini pour moi;
L'infortune poursuit ma jeunesse flétrie.
J'ai tout perdu: parens, amis, maître, patrie;
Il me reste une mère, unique et cher trésor,
Et le destin cruel me la ravit encor.
Ah! que n'est-ce moi seul que le péril menace!
Grand Dieu! de ce bienfait que je te rendrais grâce!
Sous les yeux d'une mère et pressé dans ses bras,
Avec un front serein j'attendrais le trépas.
Mais non, non, le danger de cette mère tendre,
Quand j'invoque la mort, me défend de l'attendre;
Il faut tout immoler au salut de ses jours.
Dieu juste! au prix des miens prolongez-en le cours!
Veille sur Augusta du haut de ton empire;
C'est à toi qu'en son ame il appartient de lire.
Au sein de la vertu l'erreur a ses forfaits;
Mais l'erreur donne à l'homme un droit à tes bienfaits.
Ses soupirs maternels, auteur de la nature,
A tes divins décrets ne sont pas une injure;
Tu souffres sa tendresse au pied de ces autels,
Et tu ne juges pas ainsi que les mortels.

AUGUSTA.

Qui ne s'attendrirait, Fulvie, à ce langage?
Ah! c'en est fait, les dieux m'arrachent leur image:
Tout le veut, Agathocle, il faut nous séparer.
Fuis la foudre des dieux prête à me dévorer;
J'aurai soin de ton sort; cette prudente amie

Veillera, de ce temple, au bonheur de ta vie.
Si nos plaisirs sont vifs, ils sont plus dangereux...
Fuis, ne perds point de tems.. pense à moi.. sois heu-
Adieu, mon Agathocle.   reux...

AGATHOCLE

Avant qu'un sort barbare
L'un de l'autre, à jamais, peut-être, nous sépare,
O vous qui dans les pleurs me donnâtes le jour,
Objet de mon respect, objet de mon amour,
Bénissez Agathocle, ô mère infortunée!
(Il met un genouil en terre.)
Le vœu de la vertu fléchit la destinée.

AUGUSTA.

Je te bénis cent fois. Toi, regarde en pitié,
Redoutable Vesta, cette sainte amitié!
Détourne loin de lui ta céleste colère,
Et ne le punis point du crime de sa mère.
(Agathocle se relève.)
Adieu... puisse le ciel, te prêtant son secours,
Te tenir lieu de mère et veiller sur tes jours.
(Agathocle commence à s'éloigner.)

SCÈNE QUATRIÈME.

Les précédens, DOMITIUS, AGATHOCLE.

DOMITIUS, voyant Agathocle.

Mortel audacieux, près de ce sanctuaire,
De quel droit osez-vous mettre un pied téméraire?

AUGUSTA, *vivement.*

Ah! seigneur, excusez un timide étranger.

(Elle hésite.)

Le ciel... à ses parens annonce un grand danger:
Et, pour les secourir, son amour filiale
Implorait en ces lieux les vœux de la vestale.

*(Agathocle et Fulvie sortent à mesure que
Domitius descend vers l'avant-scène.)*

SCÈNE CINQUIÈME.

AUGUSTA, DOMITIUS.

DOMITIUS, *affectueusement.*

Vos vœux, n'en doutez pas, seront tous exaucés;
Les Dieux à vous servir doivent être empressés.
Il est bien des mortels, et j'en nommerais même,
Qui sans avoir des dieux la puissance suprême,
A vous plaire attentifs, mettraient tous leurs plaisirs
A pouvoir sur la terre exaucer vos désirs.

AUGUSTA.

De ce temple, seigneur, j'aime la solitude;
A n'y rien désirer je borne mon étude.
Servir, prier Vesta, nourrir le feu sacré,
Conduire un troupeau saint, à ma garde livré,
Demander pour l'État des jours purs et prospères,

(Avec émotion.)

Des mortels malheureux adoucir les misères;
Voilà les grands devoirs qu'Augusta doit remplir,

Et mon âme audelà n'étend point son désir.

DOMITIUS.

Cette paix de votre ame est un présent bien rare;
Envers moi le destin s'est montré plus avare:
Et ce calme profond qu'étalent vos discours,
D'un trop juste dépit empoisonne mes jours,
Il semble qu'en effet la nature, si sage,
Ne devait pas errer dans son plus bel ouvrage,
Et lorsque de ses feux elle brûla mon cœur,
Elle devait en vous enflammer mon vainqueur.

AUGUSTA.

Ce langage hardi, si j'ose vous comprendre,
Pour la seconde fois ici se fait entendre;
Seigneur; et la froideur dont mon cœur et mes yeux
Ont accueilli deja vos sacrilèges feux,
Aurait du m'épargner votre audace insensée.
Sur mes sermens enfin quelle est votre pensée?
Croyez-vous à ce point mes vœux mal affermis?
Et depuis quand, seigneur, vous êtes-vous promis
Que pour être couvert de la pourpre romaine,
Le crime aurait le droit d'échapper à ma haine;
Il m'est plus odieux encor dans cet éclat.
Honorez un peu plus, seigneur, le consulat.
Et n'avilissez point sa gloire et son empire,
Jusques à mériter ce que je pourrais dire,
Jusques à mériter que ma suprême voix
N'appelle la vengeance au secours de mes droits.

DOMITIUS.

On ne m'abuse point par de feintes colères.
L'amour sait résister à des loix plus sévères.
Quel sera votre crime, après tout, et le mien,
Si d'un culte abjuré vous brisez le lien?
La vestale a le droit dès sa trentième année,
D'abandonner Vesta pour le lit d'hymenée:
Qui donc peut empêcher que ces nœuds et mon choix
Ne couronnent mes vœux, sans offenser les loix?

AUGUSTA.
(guide,
Qui peut donc l'empêcher? L'honneur qui fut mon
Qui le sera toujours, et qui, seul, me décide,
Hé! ne savez-vous pas quel opprobre éternel
Couvre toute vestale, échappée à l'autel,
Qui consacre à l'hymen le reste de sa vie?
Rome, qui le permet, y joint l'ignominie.
Vestales, au dessus des fiers Patriciens:
Épouses, au dessous des plus vils plébéiens:
Ce temple nous acquiert et la gloire et l'estime,
Et l'hymen, le mépris réservé pour le crime.
Regardez Marcia, Tucie, Etna, Méris:
De leur flamme imprudente elles ont eu le prix.
Vous, peut-être, Consul, d'une voix indignée
Avez-vous, le premier, flétri leur hymenée:
Et vous pouvez penser que de même, Augusta
Pour vivre dans l'opprobre abjurera Vesta?
Non, seigneur, renoncez à ce désir coupable.

Je dis plus: et voici mon sort irrévocable.
Sachez qu'en vain l'honneur permettrait à mes vœux
De s'exprimer sans honte et de payer vos feux;
Vous n'en auriez encor nul espoir, à prétendre.
Puisse aujourd'hui Vesta m'approuver et m'entendre!
À son culte sacré je me voue à jamais.
De mon cœur, des longtems les vœux sont satisfaits
L'objet, qui captiva mon âme toute entière,
À ce temple, en un mot, a borné ma carrière;
Et je mourrais, seigneur, des plus affeux tourmens
Plutôt que d'oublier ma gloire et mes serments.

DOMITIUS.

C'en est trop; et je vois ce qu'il faut que j'en pense.
On se trahit souvent à force de prudence.
Une piété feinte, en ses sombres détours,
Cache plus d'une fois de coupables amours.
On ne m'a pas trompé: vos refus ont leur cause,
Vous abusez mon cœur votre ame m'en impose,
Vous aimez. À l'ardeur que je recele en moi,
D'un absolu pouvoir je reconnais la loi.
Vous seule, dussiez-vous en être sacrilége,
Ne tenez point du ciel l'inconnu privilège
De n'avoir aimé rien, ou de n'aimer jamais.
Tremblez; je percerai vos odieux secrets.
Vous savez si mon ame, ouverte à la vengeance,
Sait servir son dépit de toute sa puissance.
Craignez Domitius; et tremblez que ses yeux

Ne découvrent bientôt un rival odieux.

AUGUSTA, *noblement.*

Vous aggravez l'insulte... et votre hardiesse
S'accroît par ma bonté: c'est assez; et je crois
Que l'amour parle ici pour la dernière fois.
Si votre rang, le mien me forcent au silence,
Mettez à m'imiter votre reconnaissance:
Et d'une part et d'autre évitant notre aspect,
J'oublierai vos transports; vous, gardez le respect.

SCÈNE SIXIÈME.

DOMITIUS, *seul et furieux.*

Le respect, as-tu dit? quand ta perfide haine
Déchire un cœur brûlant, indigné de sa chaîne;
Le respect! La fureur marchera devant moi.
Oui, tant de surveillans semés autour de toi,
Ne m'ont que trop instruit de tes flammes secrètes,
Mon rival paiera cher les hauteurs indiscrètes.
Trop longtemps j'ai douté de tes indignes feux,
Et je n'en doute plus; il en... dois croire mes yeux.
Oui, c'est cet étranger, c'est Agathocle même...
Plus je veux y penser... c'est lui, c'est lui qu'elle aime.
En effet, Augusta, par de secrets détours,
Dans Rome, m'a-t-on dit, lui prête des secours;
Dix fois, près de ces lieux, j'ai vu de l'aurore.
Aujourd'hui, tout à l'heure, il en sortait encore,

Et même, il m'en souvient, l'ingrate avec ennui,
Prévenant mes soupçons, m'a répondu pour lui.
Mon malheur est certain autant que ma vengeance.
(*Avec une joie cruelle.*)
Disciple de Socrate, en sa jeune imprudence,
Agathocle a déjà parlé contre nos dieux;
Armons le fanatisme et servons-nous des cieux.
Ardents à me servir, les prêtres, les augures,
Pour leur propre intérêt vengeront mes injures,
Oui, pour le prix des maux que j'ai déjà soufferts,
Qu'Agathocle d'abord soit jetté dans les fers;
Ensuite, employons tout, et la force et la ruse,
Dévoilons les secrets du couple qui m'abuse,
Et si l'ingrate enfin n'a pour moi que mépris,
Qu'ils frémissent!...ce cœur leur en garde le prix.

Fin du premier acte.

ACTE SECOND.

SCÈNE PREMIÈRE.

AUGUSTA, FULVIE.

AUGUSTA, *entrant précipitamment sur la scène avec tous les signes de la désolation.*

Laisse-moi, laisse-moi...je veux mourir, Fulvie.

Agathocle!... mon fils!...

FULVIE.

O malheureuse amie!
Suspendez vos frayeurs et vos gémissements.

AUGUSTA.

Tu le vois, si j'avais de vains pressentimens?
Pourquoi dans ces remparts se trouvait-il encore?
Qu'eu a-t-il fui soudain ces rives que j'abhorre!

FULVIE.

Ah! si vous l'aviez vu, le front pâle et flétri,
Quitter avec effort le portique chéri.
Je le suivais de loin: hé! quels cœurs insensibles
Ne gémiraient longtems de ses combats pénibles?
Sa tête, à chaque pas, se détournait vers moi;
Cependant il avance, et passe avec effroi
La porte qui conduit au temple de Cibèle:
A peine il l'a franchie, une douleur mortelle
Tout à coup le saisit: il tombe à deux genoux,
En longs gémissemens il s'exhale vers vous,
De son corps, de ses bras il presse la poussière:
Je crains à chaque instant qu'il ne nomme sa mère,
Le peuple, curieux, et non moins attendri,
L'entoure, le relève!... alors poussant un cri,
De farouches licteurs le saisissent, l'enchaînent;
Au bruit de mille voix ces barbares l'entraînent;
Et lui, le front soumis, le regard vers les cieux,
Ainsi qu'une victime avançait devant eux.

AUGUSTA.

Dieux! détournez vos coups et reprenez ma vie!
Que vous a fait mon fils? N'a-t-on pas dit, Fulvie,
De quel droit, pour quel crime on poursuit l'innocent
Mon sort est-il connu? Dans ce danger pressant
Est-ce pour moi qu'il souffre, et mon titre de mère
Pour les Romains enfin n'est-il plus un mistère?

FULVIE.

Non: parmi les clameurs du peuple rassemblé,
Dans ses propos divers, il ne m'a pas semblé
Que de ce grand secret on ait eu connaissance.

AUGUSTA.

S'il en est tems encor, va, vole à sa défense,
Interroge, préviens sur cet événement:
Éloigne les soupçons et sème adroitement
D'un fils infortuné l'éloge secourable.
On aime à déplorer le sort du misérable.
Ce stratagême heureux peut le favoriser.
En parlant de ce fils je crains de m'exposer;
La prudence en ces lieux enchaîne ma tendresse
Et je n'ai qu'à mourir. Hâte-toi: le tems presse,
Cours; ton retard, peut-être, est un péril nouveau;
Et viens me délivrer d'un horrible fardeau.

SCÈNE DEUXIÈME.

AUGUSTA, seule.

Quel état est le mien? ô mères fortunées!

Que le Ciel vous donna d'heureuses destinées!
Sans crainte et sans péril, sur votre sein ému,
Vous reposez le fruit que vos flancs ont conçu:
Sans cesse auprès de vous, sans qu'aucun en murmure;
Il sourit, vous caresse au gré de la nature,
Et retrace le nœud de vos chastes amours;
Je ne puis, comme vous, disposer de mes jours:
A Vesta qui m'accable, hélas! j'en dois le compte.
Vos devoirs sont mon crime, et votre orgueil ma
(honte.

SCÈNE TROISIÈME.

AUGUSTA, DOMITIUS.

*(Domitius est précédé de douze licteurs qui, à l'aspect de la grande prêtresse de Vesta, mettent bas leurs faisceaux, suivant la coutume des **Romains**. Domitius leur fait signe de se retirer.)*

DOMITIUS.

Que la fille des Dieux, objet de mon respect,
Ne s'effarouche pas de mon nouvel aspect.
Sans crainte écoutez-moi: mon âme plus tranquille
Ne vient point de ses feux profaner cet asile.
J'ai pesé vos avis, tenté quelques efforts,
Et mes réflexions ont calmé mes transports.
J'ai trop vu qu'en effet il n'était pas possible
Qu'à mes feux imprudens Augusta fût sensible.
Un Consul s'égarait, vous l'avez combattu;

Laissez-nous implorer cette **haute vertu.**
Oui, madame, les dieux, en demandant justice,
Sont quelquefois touchés d'un humble sacrifice;
Et Vesta, dont la main protége nos remparts,
Pour sa fille fidèle aura quelques égards;
Vers son trône immortel portez votre prière.
Par ma voix le Sénat, le peuple et Rome entière,
Pour expier un crime en ordonnent ainsi,
Et voilà le motif qui me ramène ici.

AUGUSTA.
Fléchir les dieux vengeurs n'est pas en nous peut-être;
Mais aux loix de l'État nous savons nous soumettre,
Et les ordres pressans que vous nous apportez,
Avec zèle, seigneur, seront **exécutés.**

DOMITIUS.
Vous ne demandez pas pourquoi, pour quelle offense
Il nous faut des faux Dieux apaiser la vengeance?

AUGUSTA.
L'État a des raisons au dessus de nos soins:
Lui seul bien mieux que nous connaît tous nos besoins.
Contente de prier au fond de ma retraite,
Je ne hasarde point de demande indiscrète.

DOMITIUS.
L'État fait son devoir, sans faire une faveur;
Plus le forfait est grand plus grande est la ferveur,
Et Rome justement vous apporte sa crainte,
Alors qu'un sacrilége a souillé son enceinte.

On blasphème les Dieux !

AUGUSTA.

Que dites-vous ?

DOMITIUS.

Jugez,
S'ils voudroient d'un impie être bientôt vengés,
Et si, pour expier cette éclatante injure,
Le Sénat doit choisir la bouche la plus pure.

AUGUSTA.

Eh, quel est le coupable ?

DOMITIUS.

Un grec, un étranger,
Que même ici tantôt vous daigniez protéger,
Et pour qui de Vesta, votre sainte imprudence,
Ainsi que pour les siens, imploroit l'assistance..
Quoi ! vous en frémissez ?.. Votre pieux courroux
Par des signes certains éclate malgré vous,
Cette colère est juste.

AUGUSTA, à part.

Où fuir ?.. Ah ! malheureuse !

DOMITIUS.

D'un sectaire puni l'erreur contagieuse
Depuis l'attique bord s'est glissée en ces lieux.
Socrate, dont la mort a satisfait les dieux,
A laissé, par malheur, des disciples impies,
Qui répandent partout leurs nouveautés flétries.
Agathocle, en un mot, accueilli dans nos murs,

Y verse le poison par des détours obscurs.
Le Sénat, informé de tant de hardiesse,
Veut prévenir du Ciel la fureur vengeresse,
Et l'on a mis aux fers ce hardi novateur.
Avant la fin du jour, tout son sang....

AUGUSTA.

Ah! seigneur!
De ce jeune étranger je condamne l'offense;
Mais l'erreur de son age est souvent l'imprudence;
Quoi, seigneur, du Sénat les décrets hazardés,
Pourraient-ils?...

DOMITIUS.

Songez-vous que vous le défendez,
Madame?

AUGUSTA.

Moi, seigneur!.. une pitié permise..
Fait parler Augusta.. Croyez-vous...

DOMITIUS.

Ma surprise
Serait grande en effet de vous voir protéger,
Au mépris de nos Dieux, un coupable étranger.
Je pense bien plutôt, qu'en ce temple propice,
Vos hymnes béniront la céleste justice,
Si le Ciel est vengé..

AUGUSTA.

Je frémis!.. O douleurs!

DOMITIUS.

Vous pâlissez, madame, et vous versez des pleurs !
Ciel !

AUGUSTA.

Un coupable à peine échappé de l'enfance,
Peut exciter, seigneur, les dieux à la clémence.

DOMITIUS.

La clémence !... la mort !

AUGUSTA, *d'une voix involontaire.*

Dieux puissants !

DOMITIUS.

Mais enfin

Quel trouble si pressant agite votre sein ?
Madame, qu'avez-vous ? Quelle pitié coupable
Vous intéresse ainsi pour un grec misérable ?
Que peut vous importer sa honte et son trépas ?

AUGUSTA.

Seigneur...

(*Augusta étend ses mains suppliantes
douloureusement vers Domitius avec
gradation jusqu'à vouloir tomber à genoux. Domitius la repousse.*)

DOMITIUS.

Eh bien ?

AUGUSTA.

Seigneur, ah ! ne le perdez pas !

(*Domitius repousse Augusta sur un
fauteuil ménagé derrière elle.*)

DOMITIUS, *avec l'indignation la plus marquée.*

Il est donc révélé cet odieux mistère!
Femme artificieuse! objet de ma colère!
Vous en éprouverez les terribles effets.
Hé! quoi! c'est donc ainsi, qu'entassant les forfaits
Pour mieux nous les cacher, votre habile prudence
De tant de piété sait montrer l'apparence?
Voilà ces vœux si purs; voilà cette Augusta,
Que ses plus chers sermens enchainent à Vesta!
Et qui veut expirer avant de les enfreindre!
Perfide!

AUGUSTA.

Mon malheur est de ne savoir feindre.

DOMITIUS.

Non, non, vous avez cru m'en imposer assez;
A lire dans les cœurs mes yeux sont exercés.
Je suis amant haï, mais rival redoutable.
De votre amour obscur cet objet méprisable,
Je l'ai cherché, trouvé, j'ai vu: qu'avec effroi
Agathocle envisage un rival tel que moi!

AUGUSTA.

Que parlez-vous, seigneur, de rival?

DOMITIUS.

Quoi, madame?
Prétendez-vous encor me déguiser votre âme?
Et que faut-il de plus, pour prouver hautement
Qu'Agathocle triomphe, et qu'il est votre amant?

AUGUSTA.

Mon amant! lui! grands Dieux!

DOMITIUS.

Eh bien? à l'artifice
Ne faut-il pas encor que je m'assujétisse?
En effet, vos frayeurs m'ont instruit assez mal;
Et, sans doute, il est vrai qu'il n'est pas mon rival.
Démentez-moi! vos soins dans Rome le protégent;
En ce temple ses pas et ses yeux vous assiégent;
Vous vous troublez, madame, à son nom seulement,
Vous défendez ses jours, il vous semble innocent,
Enfin de ses périls votre âme s'épouvante,
Vos regards, vos discours décèlent une amante;
Et ce n'est pas ou traître! encor que vous aimez?

AUGUSTA, *avec le dépit du sentiment.*

Oui je l'aime, barbare, oui, les dieux désarmés
Baisseront leurs regards sur un nœud légitime;
Et ce n'est pas à toi de nous en faire un crime.

DOMITIUS, *furieux.*

... vez...
Ah! qu'entens-je, qu'entens-je! ainsi vous me bra-
Frémissez des tourmens qui lui sont réservés.
Adieu.

(Il veut sortir.)

AUGUSTA.

Ciel! arrêtez, arrêtez: la colère
N'est pas le dignement qu'on doit à ma misère:
Ah! plaignez-moi plutôt que de me menacer;

Vous ne savez pas tout...

DOMITIUS.

Eh! que puis-je penser?
A ce comble d'audace, à tant de perfidie
Qu'ajoutera de plus une femme hardie?
Toutefois, je le sens, mon esprit indigné
Ne saurait s'affranchir d'un amour dédaigné.
Que dis-je? Un tel effort est hors de ma puissance,
J'aime plus que jamais, j'aime avec violence.
Eh bien, parlez, ingrate, achevez vos aveux;
J'écoute; parlez-moi; j'y consens; je le veux...
Eh bien?

AUGUSTA.

Pénible effort! Dieux!

DOMITIUS.

Achevez,

AUGUSTA.

Par grâce,
Au nom de vos parens, par vos pieds que j'embrasse,
Ne vous courroucez point... daignez me protéger...

DOMITIUS.

Plus de détours...parlez: frémissez du danger...
Taisons-nous: de nos dieux j'aperçois le grand prêtre.
Rassurez-vous, madame.

SCÈNE QUATRIÈME.

Les précédents, MAXIME.

MAXIME.

Il est tems de paraître,
Seigneur; et Jupiter, dont j'encense l'autel,
Ne peut-il s'indigner d'un retard criminel?
Redoutons son courroux, et respectons sa gloire.
Pour juger Agathocle accourons au prétoire.
Le Ciel est attentif à ce soin important;
Sur la place assemblé, le peuple nous attend.

DOMITIUS.

Maxime, envers les Dieux mon respect est extrême,
Pour venger dignement leur majesté suprême,
Je connais mon devoir aussi bien que mes droits,
Il m'est doux cependant que votre auguste voix,
Que vos soins paternels encor me le rappellent.

(A Augusta.)

Madame, ces devoirs et les Romains m'appellent.
En faveur de l'Etat j'ai réclamé vos vœux:
Allez vous acquitter de cet emploi pieux;
Et croyez cependant qu'un Consul équitable
Se montrera clément ou bien inexorable,
Suivant que les replis du cœur qu'il veut sonder
Pourront avec le sien bien ou mal s'accorder,
Priez Vesta sans crainte, et cette auguste mère
Verra, n'en doutez point, nos soupirs sans colère.

AUGUSTA *en tremblant.*

Seigneur, un étranger, dans sa calamité,

Peut obtenir des Dieux un regard de bonté.
Le Ciel ne punit pas toujours lorsqu'on l'offense;
Et je ne mets qu'en lui toute mon espérance.
(Elle sort.)

SCÈNE CINQUIÈME.

DOMITIUS, MAXIME.

MAXIME.

Sage Domitius, vos salutaires mains
Des efforts d'un impie ont sauvé les Romains,
Nos autels vont fumer; d'éclatans sacrifices
Vont demander aux Dieux le prix de vos services;
Nous bénirons ce bras qui confond les pervers;
Et notre juste encens remplira l'univers.

DOMITIUS.

Exaltez-moins, de grâce, un devoir nécessaire;
Ce que j'ai fait, Maxime, un Consul doit le faire,
Sans trahir de l'État les soins religieux,
Aurais-je pu souffrir qu'on offensât les Dieux?
Pour remplir jusqu'au bout ce devoir respectable,
Que ne me vois-je seul pour juger le coupable!

MAXIME.

Quoi, seigneur, vos souhaits?...

DOMITIUS.

Oui, Pontife, le Ciel,
Le Ciel ici demande un arrêt solemnel;

Mais l'État a des loix dont l'issue infidelle
Répondra mal, je pense, à notre juste zèle.
Entre les mains du peuple est le glaive vengeur.
Que fera sa pitié ? que pourra sa lenteur ?
Qu'attendre pour vos droits de ces bruyans comices ?
Leur faiblesse en tous tems dirigea leurs caprices.
Un étranger timide et simple en ses douleurs,
Touchant par sa jeunesse autant que par ses pleurs,
Sur des esprits légers, et qu'un tel charme attire,
Pourra prendre, sans peine, un dangereux empire :
Le peuple mollira dans la punition ;
Sa stupide vertu c'est la compassion.

MAXIME.

Je pense comme vous, seigneur ; mais la justice
Permet tout pour conduire un impie au supplice.
Eh quoi donc ! pour détruire et le culte et nos mœurs,
Armés d'un vain savoir, de subtils corrupteurs
Dans ces remparts sacrés viendront de l'Ionie
Apporter le poison de leur philosophie,
Et de leurs visions, qu'ils nomment vérité,
Verser dans les esprits la funeste clarté ?
Non, seigneur, traçons-nous des routes moins douteuses,
Et laissons l'œuvre entière à vos mains généreuses.
Soyez juge, vous seul.

DOMITIUS.

      Moi, Maxime ! nos loix
Dans Rome au peuple seul ont réservé ces droits.

MAXIME *avec chaleur.*

A qui sert bien les Dieux aisément tout succède,
A vos généreux soins je vais prêter mon aide.
Vous seul pouvez ici remplir un saint devoir:
Mon rang, mon nom, ma voix ne sont pas sans pouvoir:
Aux romaines tribus je cours me faire entendre,
Dire qui nous outrage, et qui vient nous deffendre;
Et croyez-m'en, seigneur, le plus digne à leurs yeux,
Vous fixerez leur choix, et vengerez les Dieux.

Fin de l'acte deuxième.

ACTE TROISIÈME.

Le théâtre représente la salle du prétoire,
Domitius est seul assis sur la chaise cu-
rule un peu au dessus de l'avant-scène,
sur le côté droit de l'acteur. Les Censeurs sont debout à sa droite, les tribuns
à sa gauche. Maxime arrondit le cercle
vers le milieu de la scène. Une nombreuse
foule de peuple se tient derrière ces principaux personnages et remplit la salle.

SCÈNE PREMIÈRE.

DOMITIUS, MAXIME, Censeurs, Tribuns,
Peuple.

DOMITIUS.

Le cri des citoyens, je ne sais à quel titre,

Du sort d'un malheureux m'a fait le seul arbitre
Je n'ai point recherché ce dangereux honneur,
Mais je sais le devoir qu'il impose à mon cœur:
Romains, c'est un mortel qui va juger un homme.
Sur ma foi, cependant, des intérêts de Rome
Vous auriez pu sans crainte assez vous reposer;
Non que de trop d'orgueil on puisse m'accuser,
Non que je veuille ici blâmer votre prudence
Qui vous rend les témoins d'une juste défense;
D'un tel droit votre cœur est justement jaloux.
Le coupable bientôt paraîtra devant vous.
Vous l'avez ordonné: même intérêt m'anime.
Partagez mon devoir: et vous aussi, Maxime.
Si ma voix à la mort ne le peut arracher,
Rome n'aura du moins rien à me reprocher.

SCÈNE DEUXIÈME.

Les précédens, AGATHOCLE enchaîné,
Licteurs.

DOMITIUS.

Étranger criminel, que le Ciel va confondre,
Rome vous interroge et vous pouvez répondre.
On dit que de nos Dieux dangereux détracteur,
Parmi nos citoyens vous répandez l'erreur,
Et qu'envers les autels vos indignes blasphèmes
Au céleste courroux nous exposent nous-mêmes.
Quel coupable projet vous fait agir ainsi?

Et, né parmi les Grecs, que faites-vous ici?

AGATHOCLE.

Il est vrai que le sort, des rives de l'Attique,
A dirigé mes pas vers cette république.
Athène a fait périr mon maitre vertueux;
Pleind'une juste horreur, j'ai fui ses murs affreux:
Assuré que le Ciel, propice à l'infortune,
Offre à tous les humains une terre commune,
J'ai choisi des Romains l'hospice fraternel,
Et j'ai cru le pouvoir, sans être criminel.

MAXIME, *interrompant vivement.*

Ingrat! et pour le prix d'un généreux hospice,
Vous outragez des Dieux la bonté protectrice;
Et, parmi nos foyers qui vous servent de port,
Lâche perturbateur...

AGATHOCLE, *avec modération.*

Modérez ce transport,
Je ne suis point ingrat; ce reproche est injuste.
Du haut d'un tribunal la loi, toujours auguste,
Condamne le coupable et ne l'outrage pas.
L'insulte est plus amère encor que le trépas.
Je me justifiais; pourquoi fermer ma bouche?
Un juge parle-t-il avec ce ton farouche?
Je puis être innocent; daignez donc m'écouter,
Et peser ma défense, au lieu de m'insulter.

DOMITIUS.

Rendez grâce aux Romains de qui l'âme tranquille

Témoigne pour votre âge une pitié facile.
Répondez humblement; et sachez que ma voix
Va prononcer sur vous dans la rigueur des loix.
A son courroux souvent Rome impose silence;
Mais après tant d'audace il n'est plus de clémence,

AGATHOCLE.

Je n'en demande point, et toujours plus altier,
Je ne descendrais pas à me justifier,
Si la secrette voix qui me presse et me crie,
Ne m'ordonnait, seigneur, de deffendre ma vie.
Errant, persécuté, sans patrie et sans biens,
Mes jours sont chers encore à ceux dont je les tiens:
Ce qui, pour ma vertu, deviendrait une injure,
Est un devoir sacré qu'impose la nature;
Je me deffendrai donc, non pas avec fierté,
Mais avec la candeur de la simplicité.
Romains, dans vos remparts j'ai choisi mon asile;
Sur la publique foi je m'y croyais tranquille;
Me punisse le Ciel si mon cœur a jamais
De l'hospitalité méconnu les bienfaits.
Réunis avec moi par l'attrait du même âge,
Quelques jeunes Romains, dont j'ai le témoignage,
Touchés de mes regrets, de ces pleurs éternels,
Versés sur le trépas du plus saint des mortels,
Souvent, m'ont demandé d'une voix importune,
Le douloureux récit d'un excès d'infortune;
Moi, qui, dans mes malheurs et dans leur souvenir,

»Trouve, peut-être, encore un reste de plaisir.
»Je les ai satisfaits; et, gloire en soit à Rome!
»Leurs pleurs ont honoré les mânes d'un grand homme.
»C'était trop peu de peindre à leurs sens éperdus
»Le trépas de Socrate, et j'ai dit ses vertus.
»Pleurez, leur-ai-je dit, innocente jeunesse.
»Pleurez mon digne maître et sa sainte vieillesse;
»Ame pure, et tranquille en sa simplicité;
»Sa vertu fut sans faste et sans austérité;
»Riche, en dépit du sort, d'une heureuse ignorance,
»Bien mieux que les savans il prêchait l'innocence;
»Et haï des pervers, ne se montra jamais
»Qu'insensible à l'outrage et sensible aux bienfaits.
»Tel était ce mortel, que la voix de l'oracle
»Nomma de la vertu la gloire et le miracle.
»Mes amis, à ces mots, par des cris généreux
»Me pressent d'achever ce tableau douloureux.
»Hélas! disais-je alors, cette vertu céleste
»D'un glorieux trépas fut la cause funeste;
»Des prêtres orgueilleux, de pieux forcenés
»Se montrèrent bientôt contre lui déchaînés,
»Et, de trois cents vieillards corrompant la justice,
»Parvinrent à traîner la sagesse au supplice.

MAXIME.

Qu'attendez-vous, seigneur?...

DOMITIUS, se levant.

C'en est assez; je vois

A quel point de rigueur il faut suivre les loix,
Vous connaissez, Romains, le mal que je déplore.
Le souverain pouvoir dont votre choix m'honore
Pour le bien de l'État va servir aujourd'hui.
Allez, nous cependant, je veux, seul avec lui,

(Montrant Agathocle.)

Des progrès de l'erreur cherchant la certitude,
Délivrer Rome et moi de toute inquiétude,
Et détruire un poison en ces murs apporté.

(Le peuple sort.)

Vous, Licteurs, laissez-nous en pleine liberté.

(Les Licteurs sortent. Tout le monde sort.)

SCÈNE TROISIÈME.

DOMITIUS, AGATHOCLE.

*(Domitius, après que tout le monde est
sorti, remonte le théâtre pour voir si
personne ne peut entendre. Tout à coup
prenant une marche différente, il vient
prendre Agathocle par la main avec ra-
pidité et le ramenant jusqu'au bord de
la scène, il lui parle avec chaleur.)*

DOMITIUS.

Changeons de discours : viens, réponds-moi téméraire !
Au temple de Vesta, parle, que vas-tu faire ?
Réponds, réponds, te dis-je.

AGATHOCLE, troublé.

      Au temple de Vesta ?...

DOMITIUS.

Oui, traître, et de quels soins l'infidèle Augusta...

AGATHOCLE, *à part.*
Secourez-nous, grand Dieu!

DOMITIUS.

        Ton trouble te décèle;
Mais je sais de vos cœurs l'union criminelle:
Tout m'est connu.

AGATHOCLE.

        Seigneur, j'embrasse vos genoux,
Ah! que votre pitié succède à ce courroux.

DOMITIUS.

La pitié!...la mort, traître; attends-la de ma haine.
Frémis, rival obscur, du nœud qui vous enchaîne.
D'où te vient cette audace, étranger malheureux,
D'offrir à la vestale et ton cœur et tes vœux?
De près le châtiment suivra ton insolence,

AGATHOCLE,

Seigneur, qu'avez-vous dit?

DOMITIUS.

        Redoute ma vengeance!
Toi, l'amant d'Augusta! toi, posséder un jour
Cet objet de tes feux et de tout mon amour?
Allons, que le trépas me délivre...

AGATHOCLE.

        Ha! de grâce,
Consul, écoutez-moi: he! quelle insigne audace
Pour noircir les bienfaits par la pitié versés?
Estimez Augusta, seigneur! reconnaissez

(41)

Le venin du mensonge, ou celui de l'envie
Dans les affreux soupçons répandus sur sa vie,
Seigneur, je le répète, une juste pitié
M'a donné dans son cœur les droits de l'amitié:
Les transports, les désirs d'une coupable flamme
N'ont jamais profané ni son nom, ni son ame,
O crime, exterminez, moteur de l'univers,
De la sainte vertu l'accusateur pervers.

DOMITIUS.

Et tu crois m'abuser par ce noble langage?
Non, non, perfide. Attends les effets de ma rage.
Licteurs, qu'on le conduise...

SCÈNE QUATRIÈME.

Les précédens, AUGUSTA.

AUGUSTA, *voulant aller à son fils.*

     Un moment, écoutez...

DOMITIUS, *s'interposant entre Augusta*

 et Agathocle.

Prêtresse de Vesta, les Dieux sont irrités,
Et je le suis comme eux.

    (*A Augusta.*)

     Vous pleurerez sans doute:
A votre ame aujourd'hui, je sais ce qu'il en coûte;
Mais laissez le coupable obéir à nos loix,
Et s'éloigner de vous pour la dernière fois.

    AUGUSTA

Pour la dernière fois!

AGATHOCLE, *l'interrompant.*

.... Augusta... mon supplice
En ce moment fatal est un doux sacrifice;
Il n'est à mes malheurs d'autre fin que la mort.
Ah! que l'infortuné la reçoit sans effort!
Eh! laissez-moi mourir: hé! que ferais-je au monde?
Qu'y traîner dans l'ennui ma misère profonde?
Mes jours ne me sont rien; s'ils étaient prolongés,
D'autres plus chers, peut-être, en seraient abrégés:
Qui me consolerait dans ma douleur amère?
Je n'ai plus de patrie... et surtout point de mère...
Point de mère... les pleurs obscurcissent mes yeux...
O douleur!.. je chancelle...

(Aux Licteurs.)

.... Otez-moi de ces lieux!..
(Les licteurs l'environnent et le soutien-
nent. Il sort.)

AUGUSTA.

Je me meurs...

*(Elle tombe sur la chaise ou était assis
précédemment Domitius.)*

DOMITIUS.

.... Qu'on l'entraîne.

SCÈNE CINQUIÈME.

DOMITIUS, AUGUSTA.

DOMITIUS.

.... Infidèle prêtresse,
Il n'est plus tems enfin d'abuser ma tendresse.
Vous voyez en un mot vos détours superflus,

Et sur vos sentimens mes doutes résolus.
Mais l'amant, qui peut tout, ne perd pas l'espérance :
Le destin d'Agathocle entre mes mains balance ;
Le peuple, le Sénat, avec les Dieux d'accord,
Laissent en mon pouvoir et sa vie et sa mort.
Un seul mot : il n'est plus : ma honte est effacée.
De ce terrible arrêt frappez votre pensée.
Si dans vos premiers feux vous persistez toujours,
Pleurez sur votre amant, c'en est fait de ses jours ;
Mais oubliez ce traître et couronnez ma flamme,
Agathocle vivra : je le jure, madame.
Oui, dès qu'un doux hymen nous aura réunis,
Il est libre, il peut fuir mes regards ennemis.
Il lui suffit enfin, malgré ma jalousie,
D'être chéri de vous pour obtenir la vie.
Choisissez maintenant : ma bouche a prononcé,
Et de tant de dédains mon amour est lassé.

AUGUSTA.

Vous me parlez d'amour ! est-ce à moi, malheureuse,
D'en vouloir éprouver l'atteinte dangereuse ?
Qu'à des soins plus cruels, qu'à de plus tendres nœuds
Le Ciel a destiné mon âme et tous ses vœux !
Aux amoureux soupirs, au plaisir d'être aimée
Depuis long-tems, seigneur, cette âme s'est fermée ;
Et si vous connaissiez et mon sort et mes maux,
Que vous seriez bien loin de craindre des rivaux.

DOMITIUS.

Quoi! je n'en aurais point? je ne puis vous comprendre.
Vous pleurez: avez-vous des secrets à m'apprendre?
Vous, pouvez sans péril, les livrer à ma foi.
Vous n'aurez point d'ami plus généreux que moi.

AUGUSTA.

Dix fois prête à parler, de douleur oppressée,
J'ai senti les refus de ma langue glacée:
Et ce fatal secret, qui nourrit ma terreur,
Toujours avec la crainte est rentré dans mon cœur.

DOMITIUS.

Juste Ciel! qu'est-ce donc? je l'avouerai, madame,
J'ai soupçonné tantôt cet état de votre âme:
Vos pénibles discours, un peu moins de mépris,
D'une lueur d'espoir ont flatté mes esprits;
J'ai cru voir la fierté céder à ma colère;
Mais presqu'au même instant de ce trait de lumière
Repoussant loin de moi les utiles secours,
Je n'ai vu qu'un rival, ma honte et vos amours.
Je vous rends de nouveau toute ma confiance,
Parlez, je vous croirai. Puisse mon espérance
Dans vos épanchemens enfin se confirmer,
Et, sans plus m'avilir, me permettre d'aimer.

AUGUSTA.

Hélas!

DOMITIUS.

Vous hésitez? ..un cœur faux et perfide

(45)

Sait emprunter souvent un langage timide.

AUGUSTA.

Hé bien, vous saurez tout: je cède à ma douleur:
Mais n'imaginez pas jouir de mon malheur;
N'en espérez jamais un coupable avantage,
Allez, après cela, faire éclater l'orage;
Je dépose, seigneur, ma vie entre vos mains,
Dénoncez mes forfaits et ma honte aux Romains.
Vous en êtes le maître: une âme sans reproches
D'un injuste trépas ne craint point les approches.
Tel est mon Agathocle, et sur sa fermeté
Je verrai sans effroi mon supplice apprêté.
Le Ciel le veut, allons: mais du moins je l'atteste,
Je mourrai sans souiller la vertu qui me reste.
Écoutez-moi; ce Grec, ce prétendu rival,
Qui de vous, pour mourir, n'attend plus qu'un signal,
C'est mon fils.

DOMITIUS.

Votre fils! quoi! serait-il possible?

AUGUSTA.

Ah! croyez-en les pleurs d'une mère sensible.
Avant qu'un nœud sacré m'enchaînât à l'autel,
D'un hymen clandestin c'est le fruit criminel,
Que pour mon désespoir me donna la nature,
Je vous en tracerai la funeste aventure:
Et comment à mon cœur vous êtes-vous mépris?
Aime-t-on son amant comme j'aime mon fils?

DOMITIUS, *après une pause.*

L'espérance me luit et flatte ma tendresse.

AUGUSTA.

Eh quoi! seigneur, encor.

DOMITIUS.

Rassurez-vous, Prêtresse,
Laissez prendre à l'espoir la place des regrets:
Mon sein, n'en doutez point, sait garder des secrets;
Et le vôtre est voilé d'un scrupuleux mistère.
Pardonnez à l'amour les frayeurs d'une mère.
Goûtez auprès d'un fils des sentimens plus doux:
Il n'est entre vous deux plus d'obstacle jaloux.
Mais d'un événement que je crois, que j'admire,
Cependant, avant tout, vous pourrez mieux m'instruire.
Allez trouver ce fils, que vous comptiez perdu:
Je n'empêcherai pas qu'à votre amour rendu
D'un bienfait aussi cher vous présumez la suite;
Vous savez mes desirs, et quel nœud je médite;
Ce n'est pas un refus que j'espere éprouver:
Madame, pensez-y: je vous laisse y rêver.

(*Il sort.*)

SCÈNE SIXIÈME.

AUGUSTA, *seule.*

Ah! j'ai cru repousser la mort et la vengeance,
Mais le vice inflexible ignore la clémence.

Ma confiance au moins ne reste pas sans prix.
Je te rends grâce, ô Ciel ! je puis revoir mon fils.

Fin du troisième acte.

ACTE QUATRIÈME.

Le théâtre représente une prison. Aga-
    thocle n'est plus enchaîné.

AGATHOCLE, seul.

Qu'ai-je su ?.. qu'ai-je appris ? Quoi ! ce lâche imposteur
M'imputait hardiment le crime de son cœur ?
Il ose aimer ma mère : et dans sa perfidie,
Avec le fer des loix persécuter ma vie.
Et, si, de nos secrets perçant l'obscurité,
Il apprenait enfin.. grâce, Dieu de bonté !
Détourne ses regards de ce fatal mistère :
L'opprobre va tomber sur le front de ma mère,
Ce n'est qu'à ce prix seul que ce coupable amant
Sacrifierait ses dieux et son ressentiment.
Mon Dieu, sauve Augusta, redouble ma souffrance,
Ma bouche, en expirant, bénira ta clémence.
Compense par ce bien le jour que j'ai reçu !
Pardonne ! tu le sais je n'ai que trop vécu.

SCÈNE DEUXIÈME.

AGATHOCLE, AUGUSTA.

AGATHOCLE.

C'est vous!... je vous revois... ô grand Dieu que j'adore!
Tu me permets au moins de l'embrasser encore.
Vous, ma mère en ces lieux! oh quelle chère main

(*Il l'embrasse.*)

De ces voûtes de mort vous ouvre le chemin?
Du farouche consul qui suspend la colère?
Il n'a point à vos pas opposé de barrière?
Vous pleurez!...

AUGUSTA, *après s'être jettée dans les
bras de son fils, s'en arrache, et cachant
sa tête dans ses mains, va s'asseoir sur
un banc de pierre et pleure à chaudes
larmes.*

Ah!

AGATHOCLE.

Ma mère, appaisez ces sanglots;
Ils me percent le cœur. Dans ces affreux cachots
Mon courage...

AUGUSTA.

O mon fils! innocente victime!
Mon fils, pardonne-moi ta naissance et mon crime.

AGATHOCLE.

O Ciel! que dites-vous? non, ne rougissez point
Des dons de la nature et du nœud qui nous joint.

Plus je souffre de maux, et plus vous m'êtes chère;
Je ne choisirais pas au monde une autre mère.
Mais ne redoutez plus l'instant de mon trépas;
Des fureurs du Consul ne me défendez pas.
Il me croit votre amant, et ses soupçons coupables
Vont dissiper au moins vos dangers véritables,
Ne pleurez point sur moi: je suis trop fortuné
De vous sauver le jour que vous m'avez donné.

AUGUSTA.

Domitius sait tout, mon fils; et ma tendresse,
Ce sentiment sacré, n'a plus rien qui le blesse.

AGATHOCLE.

Qu'entends-je! vos secrets lui sont tous révélés?

AUGUSTA.

Je n'ai pu résister à mes sens désolés.

AGATHOCLE.

Dieu, dieu! qu'avez-vous fait? quel excès d'imprudence!

AUGUSTA.

En défendant l'honneur, j'ai prouvé l'innocence.

AGATHOCLE.

Craignez Domitius.

AUGUSTA.

       Je saurai le braver.

AGATHOCLE.

Il peut vous perdre...ô ciel!

AUGUSTA.

       J'ai voulu te sauver.

D

AGATHOCLE.
Me sauver? et comment?

SCÈNE TROISIÈME.
*(Les acteurs sont rangés dans cette scène
suivant leur position, à commencer par
la droite de l'acteur.)*
AUGUSTA, AGATHOCLE, DOMITIUS.

DOMITIUS.

C'est un fils, une mère
Que je viens, tout brûlant d'amour ou de colère,
Prêt à les séparer, prêt à les réunir,
Pour la dernière fois supplier ou punir.

(A Augusta.)

Sentiment, passion, désir, brûlante flamme,
Tous les traits dont l'amour peut déchirer une ame
Mon cœur les ressent tous; et, soit que de ce cœur
Nul objet comme vous n'eût excité l'ardeur,
Ou soit que vos refus, irritant ma tendresse,
A son dernier accès en ait porté l'ivresse,
Des feux, jusqu'à présent à mon ame inconnus,
Vous tiennent asservis tous mes sens éperdus.
Laissez, laissez parler, plus tendre et moins rebelle
Pour un fils si chéri, la pitié maternelle.
Notre hymen va l'absoudre; il meurt par vos refus.
Oui, je le jure, il meurt...je ne me connais plus;
Mon cœur est entrainé, mon cœur est indomptable;

D'endurer vos mépris je le sens incapable.
Fléchissez… ou tremblez d'être en bravant mes feux,
D'un moment de fureur victimes tous les deux.

AGATHOCLE, avec fermeté.

Eh! que peut ce moment amener de funeste,
Qu'Augusta ne préfère au nœud qu'elle déteste?
Eh, quoi! Domitius! pour sauver de la mort
Des jours que je perdrai sans peine et sans remord,
Vous voulez qu'à jamais, coupable et malheureuse
La Prêtresse s'impose une chaîne honteuse,
L'honneur tient-il ma vie au dessus de ses loix?

DOMITIUS, avec une modération contrain-
te qui fait place peu à peu à la colère.

Eh bien, ces deux partis demeurent à son choix.
J'attends sa volonté; répondez-moi, madame.
Voulez-vous couronner ou rebuter ma flamme?
Il ne me faut qu'un mot. Un seul mot fait ma loi.
Dites; qui croirez-vous ou d'un fils ou de moi?
Augusta, songez-y, c'est sa mort qu'il annonce…
Vous vous taisez? j'entends… ce silence prononce.
Allons; sans plus attendre, il faut vous contenter.

(Il veut sortir.)

AUGUSTA, effrayée courant à Domitius.

Seigneur,…

AGATHOCLE, arrêtant sa mère.

Que faites-vous?

DOMITIUS, *indigné à Agathocle.*

Eh! pourquoi l'arrêter?
Téméraire, tremblez; réprimez tant d'audace,
Vous n'êtes pas le seul que mon pouvoir menace,
Je connais le pouvoir et les loix de Vesta...
Et peut-être la mort n'est pas loin d'Augusta.

AUGUSTA.

Livrez, seigneur, livrez à ce péril extrême
Des jours empoisonnés proscrits par le Ciel même,
Dans le tombeau fatal j'irai m'ensevelir;
Mais qu'a fait Agathocle, et pourquoi le punir?
De vos feux, il est vrai, j'ose écarter l'hommage,
Il ne me convient pas d'en demander un gage;
Mais si le sentiment qui vous tient sous ses loix
De la douce pitié peut réveiller la voix,
Ecoutez-en, seigneur, le généreux murmure,
Pour étouffer l'amour et servir la nature.
Sauvez un malheureux: sauvez un fils chéri,
N'enviez plus un cœur que les pleurs ont flétri,
Ce cœur infortuné, que la douleur consume,
Vous serait un présent trop rempli d'amertume.
Dans ce cœur malheureux, pour attacher un prix
Dans le monde il n'est plus que les Dieux et mon fils.
Ah! j'atteste ces Dieux! que si leur loi sacrée,
De Rome et de Numa si la loi révérée,
D'un opprobre éternel ne couvrait de tels nœuds,
En dépit de moi-même asservie à vos vœux,

D'un époux adoré profanant la mémoire,
Je vous immolerais mon repos et ma gloire.
Je suis coupable assez. N'exigez pas, cruel,
Que d'un crime nouveau je souille encor l'autel.
DOMITIUS, *avec toute la violence* **d'un**
amour concentré.
Cessez, cessez vos pleurs et vos cruelles plaintes.
Vous portez à mon cœur de nouvelles atteintes.
Mon amour s'en augmente, et je viens d'éprouver
Que de vous désormais je ne puis me priver.
Non, non, ne pensez pas qu'il puisse vous suffire
De quelques pleurs adroits afin de me séduire.
Deux ans sont écoulés depuis que cet amour
Par un attrait plus fort s'augmente chaque jour.
L'éteindre, y renoncer, c'est m'arracher la vie.
Vous qui me haissez, ce fils qui me défie,
De quel droit osez-vous exiger de mes feux
Et d'une âme indignée un sacrifice affreux?
Avez-vous plaint mon cœur? ménagé ma colère?
Après tout suis-je aimé pour ainsi vous complaire?
Non, cruels, mon dépit n'a rien à ménager,
Et tremblez des malheurs où je puis vous plonger
Je ne le cache point, ma brûlante colère
(Avec violence.)
Immolera le fils.... immolera la mère;
Vous périrez tous deux....
(A Augusta.)
                    Mais avant d'expirer,
Vous vous repentirez de me désespérer.

Je vous rendrai témoin de son cruel supplice,
Et vous ferai frémir d'en être la complice.
        AUGUSTA, *vivement et avec dépit.*
Eh bien, monstre! assouvis ta lâche passion;
Ton âme inaccessible à la compassion,
Ne respire en effet que le crime et la honte.
Il n'est point de remord que son feu ne surmonte;
Eh bien, sois satisfait.. tu seras mon époux.
O puissances du Ciel! faut-il qu'un nom si doux...
N'importe... je me livre à ta flamme barbare;
Je suis ta proie; allons, que ta main s'en empare.
Conduis-moi vers l'autel où la honte m'attend...
Mon cœur, rassure-toi, tu sauves l'innocent.
        AGATHOCLE, *à Augusta, vivement.*
Me sauver à ce prix!... A ce lâche hymenée,
Ma mère, je pourrais vous voir abandonnée!
Ah! le jour me fût-il cent fois plus précieux,
Je ne l'achète point à ce prix odieux.

Croyez-en mes sermens; je jure par mon âme,
Ce rayon émané d'une immortelle flamme,
Qu'au supplice à l'instant on me verra courir,
Ou bien qu'à son défaut ce bras va me servir,
S'il devient votre époux. Oui, Consul, la tendresse
Se prouve par l'honneur et non par la bassesse.
        AUGUSTA, *à Agathocle.*
O Ciel! de tous côtés un danger me poursuit,
De mon malheur au moins laisse-moi quelque fruit,

Mon fils, tu veux aussi désespérer ta mère.
Laisse-moi m'immoler et combler ma misère;
Au prix de mon honneur ton sang est racheté.
Ah! ne déchire pas le sein qui t'a porté.
Fuis ces horribles lieux: laisse une criminelle
Epuiser de Vesta la vengeance cruelle;
Ne me refuse point...

(A genoux.)

                    Je t'en prie à genoux,
Vois ma crainte, mes pleurs...

     AGATHOCLE, avec une noble indignation.

                          Ah! Dieu, rassurez-vous.

L'honneur parle, ma mère; et contre un tel orage,
Au lieu de ces regrets, opposons le courage.
Craignez qu'en vos douleurs votre cœur abbatu
Ne descende au tombeau comptable à la vertu.
Vous voulez que je vive au prix de l'infamie?...
Songez-vous au fardeau d'une honteuse vie?
Chaque fois qu'à mes yeux le soleil de retour
Rendrait par ses rayons la lumière du jour,
Il faudrait donc me dire: » au fond de quelqu'abîme
»Va cacher, vil mortel, ta lâcheté, ton crime!
»Livrée à ses remords, ta mère, en ces momens,
»Reçoit de son hymen les justes châtimens.
»Le mépris la poursuit, l'opprobre l'environne,
»Et jusqu'au vil esclave au loin tout l'abandonne;
»Honneur, gloire, vertu, légitimes amours,
»Elle a tout oublié pour conserver tes jours,
»Et toi, tu l'as souffert! disciple de Socrate,

»Envers ta mère et lui ton âme fut ingrate,
»Et le prix de ta vie est l'éternel affront
»Et le long déshonneur imprimé sur son front,
»Qui n'a jamais rougi que du jour qui t'éclaire...
Non, non, encor une coup, n'y comptez pas ma mère.
Fidèles à l'honneur, par un commun effort,
Préférons à sa perte une sublime mort;
Il est après la vie une palme éclatante
Qui couronne à jamais la vertu triomphante,

DOMITIUS.

Insensé! quelle erreur!

AGATHOCLE, avec la plus grande chaleur.

Et toi, barbare, et toi,

Qui lui veux engager et ta main et ta foi,
Est-ce de ton amour une marque bien grande,
Que le choix odieux que ta bouche commande.
Si tu l'aimes, cruel, et s'il se peut enfin
Qu'un reste de pitié repose dans ton sein,
Sois touché de ses maux!
(Sans bouger de sa place, Augusta témoigne ici par ses gestes les degrés de peine et de supplication, tels qu'Agathocle les exprime et les détaille. Cette situation me paraît neuve.)

Vois cette mère tendre,

Vois ses mains vers ton cœur s'élever et s'étendre.
Laisse-toi donc fléchir à ce dernier effort...
Elle tombe à tes pieds...

DOMITIUS, après avoir hésité un moment

entre la pitié et la colère, dit avec fureur et durement.

Rien, rien. L'hymen, la mort;
Choisissez.

AUGUSTA, se relevant avec une fierté
mêlée de colère.

Eh bien donc, la mort; oui, je m'y livre,
Pour me garder à vous il est affreux de vivre;
De la tombe où je vais descendre sans regrets,
Allez, homme cruel, disposer les apprêts,
Vous osiez vous vanter de m'aimer! vous, barbare!
Tisiphone en fureur, des antres du Ténare,
A secoué sur toi ses flambeaux dévorants;
Elle abreuva ton cœur du fiel de ses serpents.
Ne parle point d'amour; ton âme criminelle
N'en recela jamais la plus faible étincelle.
Mourons, mon fils.

DOMITIUS, furieux.

Eh bien, le sort en est jeté...
Périssez donc tous deux. Avec impunité
Vous pouvez m'outrager. Mon amour, ma démence,
Nous ont tous deux remplis de trop de confiance;
Soyez désabusés: une secrette horreur
Glace déjà mon sang: frémissez de terreur;
Loin de moi, plus d'amour, j'en éteindrai le reste...
Je l'éteins. Il n'est plus; c'est fait; je vous déteste.
Adieu. Licteurs!

SCÈNE QUATRIÈME.

Les précédens, PALLIANTE, LICTEURS.

AUGUSTA, *voulant embrasser son fils.*

Mon fils! Au moins que dans tes bras...

DOMITIUS, *s'interposant et les séparant.*

Non, perfides! vos cœurs ne s'assembleront pas.
Licteurs, séparez-les; entraînez ce coupable.

AUGUSTA.

Que je meure avec lui.. Consul impitoyable!
Je vais tout dévoiler...

(Elle veut sortir.)

DOMITIUS, *lui barrant le passage, aux*
Licteurs, montrant Agathocle,

           Qu'au prétoire soudain
Il aille de ma bouche attendre son destin,
Nous verrons si la mort n'a rien qui l'épouvante.

(Au chef des licteurs, en montrant
Augusta.)

Qu'on la garde ici même.

AGATHOCLE, *qu'une partie des licteurs*
entraîne.

           Adieu.

AUGUSTA.

           Je cours...

(Le chef des licteurs s'oppose à son
passage.)

                    Pallante,

Osez-vous arrêter la fille de Vesta?

(59)

(A Domitius, Augusta est ici désespérée,)
Oses-tu, scélérat, que Mégère enfanta?...
Licteurs! malheur à vous, si vos mains sacriléges
Violent de Vesta les divins priviléges!...
Esclaves, fléchissez!...
        (Les licteurs sont effrayés.)
    DOMITIUS, d'un ton intrépide et furieux.

                Qu'on suive mes arrêts...
Qu'elle ne sorte pas. Respectez mes décrets,
A ma suprême voix que votre frayeur cesse;
Au nom de Rome enfin, qu'on garde la Prêtresse.

    (Les licteurs qui sont restés avec leur
chef Pallante entourent Augusta et l'em-
mènent du côté droit de l'acteur. Domitius sort furieux du côté opposé qui
est l'entrée ordinaire de la prison.)

    Fin du quatrième acte.

ACTE CINQUIÈME.

Le théâtre représente le roc tarpéien,
dont l'éminence n'est que de quelques
pieds au dessus du niveau du théâtre
avec lequel elle se joint par une pente.
Derrière le roc on voit à peine les émi-
nences des principaux édifices de la
ville de Rome, comme pour faire sentir
la hauteur du rocher et la profondeur
du précipice. L'éminence du roc n'oc-

cupe que la moitié du fond, l'autre
moitié laissant ce roc isolé fait mieux
découvrir la ville.

Du côté droit de l'acteur est une porte
qui forme l'entrée de la place du Capitole; de l'autre est la façade du temple
d Jupiter Capitolin.

SCÈNE PREMIÈRE.
MAXIME, PEUPLE, CENSEURS.
MAXIME.

D'une indigne pitié votre cœur est rempli,
Romains; abandonnez à la mort, à l'oubli
Un coupable étranger que Jupiter condamne;
Étouffez devant lui cette pitié profane;
Vous demandez sa vie? Et vous ne craignez pas
La colère du Ciel qu'appaise son trépas?
C'est trop s'intéresser aux malheurs d'un impie.
L'arrêt est prononcé, la loi le sacrifie;
Laissez donc échapper le glaive suspendu.
Et qu'un murmure vain ne soit plus entendu.
Le Ciel a dans nos murs reçu plus d'une offense;
Et l'État a besoin de toute sa clémence.
Un crime encor nouveau menace nos remparts,
Le Consul indigne la cache à mes regards;
Par son ordre au prétoire Augusta détenue
A l'instant, citoyens, vient de frapper ma vue,
J'en frémis! quel forfait peut donc l'y retenir?
Bientôt Domitius viendra m'en éclaircir.

J'ai pressé cependant son zèle et sa justice,
Et d'Agathocle enfin s'apprête le supplice.
Pour punir son audace et son impiété,
Que du roc tarpéien il soit précipité;
Tandis que dans ce temple, où Jupiter préside,
Les filles de Vesta, d'une bouche timide,
Adressent à ce dieu des vœux sacrés et purs;
Usage antique et saint consacré dans nos murs.

SCÈNE DEUXIÈME.

AGATHOCLE, MAXIME, LICTEURS.

AGATHOCLE.

Je vais donc à la mort! puisse Rome en sa gloire,
O peuple! de vos soins conserver la mémoire!
Si vous savez un jour quels furent mes malheurs,
Au sort d'un innocent vous donnerez des pleurs.

MAXIME.

Son repentir l'accuse, et son cœur plus modeste
Déplore maintenant son audace funeste.

AGATHOCLE.

Vous vous trompez, Pontife; et devant moi du moins
De votre politique interrompez les soins.
N'abusez pas le peuple, en feignant de l'instruire,
L'impie est l'imposteur qui cherche à le séduire.
Mais comme vos arrêts n'ont pu m'intimider,
Comme je puis sans honte encor me regarder,
Que mon cœur satisfait n'est souillé d'aucun crime,

En la sacrifiant, respectez la victime,
Laissez les citoyens juger de ma vertu,
Et ne m'imputez pas un remord prétendu.

MAXIME.

Coupable audacieux, quel est donc ce délire?
Quel est?...

AGATHOCLE.

Je vais mourir; ma mort doit vous suffire,
Laissez-moi donc en paix à mon dernier soupir.

(Il s'approche du roc.)

Voici le précipice où je vais m'engloutir...
O toi, de tous les Grecs reconnu le plus sage,
Nous aurons succombé tous deux au même orage.
O mon maître, du sein de la félicité,
Contemple ton disciple et vois sa fermeté.

(Avec une chaleur affectueuse.)

O dieu de l'univers, de la gloire immortelle
Écoute;

(A genoux.)

et sois propice à ma voix qui t'appelle;
Après moi sur la terre un objet précieux
Va demeurer en proie aux traits d'un furieux,
J'y laisse sous ton aile une mère affligée,
De ton bras tout puissant qu'elle soit protégée!
Sauve-la du coupable, et par des jours de paix
Console la nature et calme ses regrets.

(Il se relève avec enthousiasme.)

Enfin je touche au terme où je dois me connaître.

Allons, mon âme, allons, reprends un nouvel être.
Voici, voici l'instant...

SCÈNE TROISIÈME.

Les précédens, FULVIE, VESTALES.

FULVIE sortant du temple de Jupiter
à la tête des vestales.

Malheureux! arrêtez!
Je l'ordonne...Romains, vous Pontife, écoutez.
Numa, Rome, les lois, la céleste clémence,
Donnent à la vestale une auguste puissance.
Par elle, citoyens, je puis sans attentat
Anéantir l'arrêt du peuple et du Sénat.
En ce jour, à l'instant, et la mort et la vie
N'ont d'arbitre que nous, s'il est vrai que Fulvie
Sans projet concerté vienne implorer la loi.
Un serment solemnel doit garantir ma foi.
Je jure, par les dieux, qu'un hasard secourable
A seul conduit mes pas sur les pas du coupable;
Ce hasard a mon rang donne le droit adoré
De sauver un proscrit à ses bourreaux livré;
Je réclame ce droit, et Vesta protectrice
Veut qu'à ma seule voix ici Rome obéisse,
Étranger imprudent, rendez grâces aux Cieux,
Soyez libre, vivez; j'en rendrai compte aux dieux.

MAXIME.
Obéissons aux dieux.

SCENE DERNIÈRE.

Les précédens, AUGUSTA tout en désordre.
FULVIE courant précipitamment vers Augusta.

O notre auguste mère!
Tendez à ce jeune homme une main salutaire,
Je viens de le sauver, il respire, il vivra.
AUGUSTA, avec un excès de délire et
d'étonnement.
Soutiens-moi, je me meurs!

FULVIE.

Hélas! s'il s'égara,
Le Ciel a pris pitié de sa faible jeunesse;
Mon aspect imprévu...
AUGUSTA, après avoir regardé successive-
ment Agathocle et Fulvie.

Généreuse Prêtresse!
Vesta, qui vous approuve, a montré dans ce jour
Ce que pour les Romains elle garde d'amour,
Citoyens, sans Vesta qui toujours vous protége,
Ici Domitius était seul sacrilége.

MAXIME.

Augusta, pouvez-vous?...
AUGUSTA, avec force.

Grand prêtre, et vous, Romains
J'échappe, en frémissant, à ses barbares mains,
Apprenez tout. Brûlé d'une coupable flamme,
Il m'osa dévoiler le secret de son âme;

Il voulait m'asservir à ses feux corrompus.
Ni ma juste fierté, ni mes fermes refus
N'arrêtèrent le cours de son audace impie.
De jour en jour enfin, sa bouche plus hardie
Menaçait, offensait la Vestale et les Dieux.
Indignée aujourd'huy d'un projet furieux,
Je m'arrache à sa garde et cours au Capitole;
Je viens trouver mes sœurs et le peuple; il y vole.
Tout brûlant de fureur, ce génie infernal
Me poursuit et m'atteint près du mont Quirinal;
L'insolent me saisit. »Victime de ma haine,
»Perfide, (m'a-t-il dit,) ta fierté sera vaine.
»Tu ne publieras point mon crime et tes rigueurs,
»Tu mourras.» Mais l'aspect de ses lâches fureurs
L'aspect d'une Vestale à ce point profanée,
Excite les rumeurs de la foule indignée;
Mes plaintes, mes efforts, tant d'outrage, mes cris,
D'une fureur soudaine enflamment les esprits.
Le peuple, en frémissant, l'étend sur la poussière,
Arrache de son corps la pourpre consulaire,
Le massacre; et bientôt sous mes pas chancelants,
J'aperçois dispersés tous ses membres sanglants.

MAXIME.

Détournez vos regards, ô Dieux! de tant de crimes!

AUGUSTA.

Maxime, un dieu vengeur sait choisir ses victimes.
Apportons-lui nos vœux et nos fronts abbatus.

E

Fléchissons Jupiter à force de vertus.
Et toi, jeune étranger, à qui le Ciel pardonne,
Je protége les jours que Vesta te redonne;
Mais quitte ces climats,

AGATHOCLE.

O Ciel!

AUGUSTA.

Et te souvien,
Qu'un excès de vertu n'est pas toujours un bien.
Laissez aux Immortels, en pleine confiance,
Le soin trop dangereux d'établir lenr puissance.
Vous êtes leur ouvrage: ils ont borné vos droits
A pratiquer le bien, et respecter les loix.

Fin de la tragédie.

J'ai lu par ordre de monsieur le Lieutenant Général de Police *Augusta*, Tragédie, et je n'y ai rien trouvé qui m'ait paru devoir en empêcher la représentation ni l'impression.

A Paris le 4 Octobre 1787.

SUARD.

Vu l'aprobation, permis de representer et d'imprimer.

A Paris le 4 Octobre 1787.

DE CROSNE.